HANS HUBER

Die verfassungsrechtliche Bedeutung der Vertragsfreiheit

SCHRIFTENREIHE
DER JURISTISCHEN GESELLSCHAFT e.V.
BERLIN

Heft 24

Berlin 1966

WALTER DE GRUYTER & CO.

vormals G. J. Göschen'sche Verlagshandlung · J. Guttentag, Verlagsbuchhandlung
Georg Reimer · Karl J. Trübner · Veit & Comp.

Die verfassungsrechtliche Bedeutung der Vertragsfreiheit

Von

Dr. Hans Huber

Professor an der Universität

Vortrag
gehalten vor der
Berliner Juristischen Gesellschaft
am 12. November 1965

Berlin 1966

WALTER DE GRUYTER & CO.

vormals G. J. Göschen'sche Verlagshandlung · J. Guttentag, Verlagsbuchhandlung
Georg Reimer · Karl J. Trübner · Veit & Comp.

Archiv-Nr. 2 727 66 3/4

Satz und Druck: Saladruck, Berlin 36

I.

„Gelenke" zwischen Verfassungsrecht und bürgerlichem Recht

Es mag vermessen sein, in Berlin über ein derart verfassungstheoretisches Thema zu sprechen. Die Stadt und ihre Juristen sind durch andere Gegenstände und Sorgen beansprucht. Doch hat in Berlin das Bundesverwaltungsgericht seinen Sitz; ihm begegnen die Vertragsfreiheit und die Streitfragen aus dem Gebiet der Grundrechte und der Grundrechtsschranken in der Rechtsprechung, in der Nähe des Rechtslebens. Vor allen Dingen kommt dem Thema in Berlin ein sinnbildlicher Wert zu. Hindurch verläuft auch diese Grenze: Bis hierher wird ein wesentlicher Teil menschlicher Freiheit im Bestand des Privatrechts erblickt, trotzdem es sich wandelt und in der Abwehr steht. Bis hierher wird auch in anderer Weise um die Verwirklichung der Forderungen des Sozialstaates und um die Beseitigung einseitiger Machtlagen in den zwischenmenschlichen Beziehungen gerungen, nämlich unter Schonung des Privatrechts.

Es bedarf nun zunächst einer breit angelegten Einführung in die Problematik, die dem Verhältnis der Vertragsfreiheit zum Verfassungsrecht, besonders zu den Grundrechten, eigentümlich ist. Hernach soll namentlich auch durch rechtsvergleichende Hinweise angedeutet werden, welche Wege etwa beschritten werden können, um mit mehr oder weniger Erfolg, mit mehr oder weniger Rechtssicherheit auch, der Vertragsfreiheit den auf sie zugeschnittenen Platz und Rang zu geben.

„Schützt das Bürgerliche Gesetzbuch vor dem Grundgesetz!" soll Professor Dölle vor nicht allzu langer Zeit einmal ausgerufen haben. Wer wollte die Klage nicht verstehen, in Anbetracht von Fragestellungen, Aufsatz- und Buchtiteln eines angeschwollenen Schrifttums, das die Privatrechtler mit Bedenken erfüllt? Besonders der Gedanke der Drittwirkung der Grundrechte und noch mehr die Mißverständnisse, die sich daran knüpften, nährten den Verdacht, auf Kosten des Privatrechts seien Eroberung, Be-

1 Huber, Vertragsfreiheit

herrschung, Verkennung am Werk. Zwar wurde nicht selten übersehen, daß ein Schutz gerade des Privatrechts gegen neuartige Bedrohungen erstrebt wird.

Gegenwärtig brechen sich jedenfalls größere Vorsicht und Urteilskraft Bahn. Auch in diesem Vortrag soll versucht werden, mit einem Willen zur Synthese die hohe, aber eigenartige und schwer faßbare Bedeutung der Vertragsfreiheit für die Verfassung und im Verfassungsrecht herauszuschälen und dennoch die starke Eigenständigkeit des Privatrechts nicht anzuzweifeln oder anzutasten.

Auf einem verlorenen Posten kämpft freilich, wer gleich an den Anfang die Unterscheidung zwischen dem öffentlichen und dem Privatrecht stellt und beide auch voneinander trennt, und wer das Verfassungsrecht nach einer bekannten Vätersitte kurzerhand und gesamthaft dem öffentlichen und hernach die Vertragsfreiheit dem Privatrecht zuweist, um schließlich die Lösung nur gerade aus dieser Kontrastierung zu erzielen.

Es war auch nicht fruchtbar, als in der Weimarer Zeit und schon vorher die Frage allgemein so gefaßt wurde: Hat die Verfassung für das Zivilrecht eine Bedeutung, oder hat sie keine Bedeutung?[1] Übrigens kann man sich heute auch sonst nur wenig an die Weimarer Periode anlehnen, obschon Art. 152 der Reichsverfassung die Vertragsfreiheit ausdrücklich verbürgt hatte. Sie galt nur im Wirtschaftsverkehr und ohnehin nur nach Maßgabe der Gesetze, und es fehlte vor allem an einem verfassungs- und verwaltungsgerichtlichen Rechtsschutz, an dem eine richtungweisende Rechtsprechung hätte emporwachsen können.

Die Unterscheidung und Trennung des öffentlichen und Privatrechts halten manche in der Gegenwart für gar nicht mehr durchführbar, nachdem in der Rechtsordnung selber auf großen Strecken die Scheidewände eingestürzt sind[2]. Aber auch wer nicht so weit geht, sollte die Unterscheidung einstweilen aus dem Spiel

---

[1] Dazu Franz LAUFKE, Vertragsfreiheit und Grundgesetz. Festschrift für Heinrich LEHMANN, Bd. I, 1956, S. 145 ff., 147 ff.

[2] So z. B. Kurt BIEDENKOPF, Grenzen der Tarifautonomie, 1964, S. 32. Über die „Compénétration des deux droits", den „processus de rapprochement", das „écoulement des cloisons entre les deux droits", die „publicisation du droit privé" usw.: EISENMANN in der Revue de Droit public 58 (1952), S. 908 ff., S. 978, SAVATIER, Du droit civil au droit public, 2e éd. 1950, W. FRIEDMANN, Law in a changing Society, 1959, S. 347 ff., ESSER,

lassen. Grundsätzlich überdacht jedenfalls die Verfassung,
sagen wir „irgendwie", die ganze innere Rechtsordnung und mit
ihr auch diese zwei Rechtsstrukturen und die ihnen mehr oder
weniger zugehörigen Materien. Wie könnte es in einem Ver-
fassungsstaat anders sein?

Allein zu diesem Bild des Überdachens gesellt sich ein anderes,
aufschlußreicheres Bild. Das Verfassungsrecht ist an vielen Stellen durch Gelenke mit dem Privatrecht verbunden. Die Gelenke
sind jedoch verschiedenartig; sie sind, um im Bilde zu bleiben,
Drehgelenke, Scharniergelenke, Kugelgelenke, Schlittengelenke.
Dem Verfassungsjuristen *und* dem Privatrechtler ist aufgegeben,
die Anatomie der einzelnen Gelenke näher zu untersuchen.

Drei einfache Beispiele sollen das Gleichnis noch erläutern:

Art. 74 Ziffer 1 des Bonner Grundgesetzes erklärt den Bund
als zuständig, das bürgerliche Recht gesetzlich zu ordnen. Ebenso
verleiht Art. 64 der Schweizerischen Bundesverfassung die Zuständigkeit zur Zivilrechtsgesetzgebung dem Bund. In der
Bundesrepublik konkurriert freilich diese Gesetzgebungszustän-
digkeit des Bundes mit der der Länder, während sie in der
Schweiz zu den ausschließlichen gehört. In diesem Beispiel ist es
nun das bürgerliche Recht als solches, als Begriff, als Ganzes, das
das Gelenk herstellt. Denn der Begriff des *bürgerlichen* Rechts
bezeichnet den Gegenstand einer *verfassungsrechtlichen* Gesetz-
gebungsaufgabe des Bundes. Allerdings erweist sich, daß bei
dieser Ausscheidung der Zuständigkeiten von Bund und Gliedstaaten einem so umfassenden und so schwer zu bewältigenden
Begriff, wie dem des bürgerlichen Rechts, nur ein geringer Ab-
grenzungswert eigen ist. Und wegleitend kommt erst noch das
Kodifikationsprinzip hinzu. So weiß man denn erst einiger-
maßen, was denn bürgerliches Recht im Sinne der Gesetzgebungs-
aufgabe des Bundes ist, nachdem der Bundesgesetzgeber seine
Aufgabe erfüllt, nachdem er das bürgerliche Recht schon gesetzt
hat. Am Erzeugnis erst kann man es ablesen, und das Gelenk
entpuppt sich sozusagen als ein Schlittengelenk[3].

Einführung in die Grundbegriffe des Rechts und des Staates, 1949, S. 193,
Hans Huber, Berner Kommentar zum ZGB, Einleitungsband, N 132 ff.
zu Art. 6 und die dort S. 482 angeführte weitere Literatur.

[3] Walther Burckhardt, Grundsätzliches über die Abgrenzung der Ge-
setzgebungskompetenzen zwischen Bund und Kantonen. Zeitschrift des
bernischen Juristenvereins (ZbJV) 68 (1932).

Die Eigentumsgarantie trägt in der Bundesrepublik und in der Schweiz einen Doppelcharakter. Sie schützt das Rechtsinstitut des Eigentums, gegen Beseitigung oder Aushöhlung, sie schützt aber auch die konkreten Eigentumsrechte von Heinz und Kunz, z. B. gegen entschädigungslose Enteignung. Eine Art Doppelgelenk zwischen Verfassung und Privatrecht verbirgt sich also in der Eigentumsgarantie.

Das dritte Beispiel: Art. 56 der Schweizerischen Bundesververfassung nimmt die Vereine von der Vereinsfreiheit aus, deren Zweck oder Mittel rechtswidrig sind. Verstößt ein Vereinszweck selber, in einer der verschiedenen Erscheinungsweisen der Rechtswidrigkeit, gegen das Recht, so sind die Satzungen des Vereins ungültig. An dieser Stelle ist nur ein schwaches, ein unscheinbares Gelenk da. Die Verbindung zwischen Verfassungsrecht und Privatrecht erschöpft sich darin, daß in einer Grundrechtsschranke des Verfassungsrechts mehr nur Bezug genommen wird auf die Möglichkeit der Rechtswidrigkeit eines Vereinszwecks und auf die Folge der Rechtswidrigkeit für einen Akt des Privatrechts.

Diese Vielfalt der Bindungen und Verbindungen erheischt allerorts sorgfältige Unterscheidungen. Daran ändert nichts, daß Art. 1 des Grundgesetzes zu großer Allgemeinheit vorstößt, indem er alle staatliche Gewalt auf die Menschenwürde verpflichtet und indem er die Grundrechte schlechthin als unmittelbar geltendes Recht für Gesetzgebung, Vollziehung und Rechtsprechung erklärt. Meisterhaft kam das Bundesverfassungsgericht dem Gebot der Differenzierung in dem bekannten Satz des Lüth-Urteils nach: Der Rechtsgehalt der Grundrechte als objektiver Normen entfaltet sich im Privatrecht durch das Medium der dieses Rechtsgebiet beherrschenden Vorschriften[4].

Das Grundgesetz sieht davon ab, die Vertragsfreiheit ausdrücklich zu gewährleisten. Nach der überwiegenden Auffassung im Schrifttum und nach der Rechtsprechung des Bundesverfassungsgerichts und der des Bundesverwaltungsgerichts ist sie aber in der freien Entfaltung der Persönlichkeit enthalten und deshalb durch Art. 2/1 des Grundgesetzes mitverbürgt[5].

[4] BVerfGE 7, 198 (205).
[5] Laufke, a. a. O., 162 f., Enneccerus-Nipperdey, Lehrbuch des bürgerlichen Rechts, 15. A., Bd. I, 98 f., Ludwig Raiser, Vertragsfreiheit heute.

Dieses Gelenk ist jedoch ein auffallendes Gebilde. Ein tragender Grundsatz des Privatrechts wird zu einem Grundrecht der Verfassung geschlagen oder als Teil oder Ausfluß eines solchen erklärt. Denn die Gestaltungsmöglichkeiten des Menschen im Bereich des Zivilrechts sind es, die nach einem Satz des Bundesverfassungsgerichts das Wesen der Vertragsfreiheit ausmachen⁶.

Die Begründung ist bekannt: Mit der freien Entfaltung der Persönlichkeit, die Grundrechtsqualität habe, sei die allgemeine Handlungsfreiheit als Freiheit zum Handeln auf allen Lebensgebieten gemeint⁷. Von dieser allgemeinen Handlungsfreiheit aber könnten die Freiheit des wirtschaftlichen Verkehrs und die Vertragsfreiheit nicht abgetrennt werden⁸. Die Anerkennung der freien Entfaltung als Hauptfreiheitsrecht habe indessen nicht die Tragweite, daß die besondern Freiheitsrechte mitsamt ihrem Herkommen aus geschichtlichen Gefährdungen in ihr eingeebnet wären. Vielmehr leiste die allgemeine Handlungsfreiheit in Art. 2/I den Dienst einer Komplementärgarantie, eines Auffangrechts für unbenannte Freiheiten⁹, wenn die Einzelfreiheitsrechte versagen.

Ein Schweizer hat von Haus aus eine gewisse Mühe, ein so ungeschichtliches, ein so weites und dann doch wieder verfassungstechnisch außerordentlich gekürztes Grundrecht zu begreifen, wie diese Freiheit zum Handeln auf allen Lebensgebieten. Das Gegenteil, die Unterdrückung des Handelns auf allen Lebensgebieten, kommt ja selbst in den totalitären Systemen nicht vor, ja ist überhaupt nicht vorstellbar.

Ist nun aber die Vertragsfreiheit überhaupt geeignet, einem Grundrecht der Verfassung in dieser Weise einverleibt zu werden? Oder welche Schwierigkeiten entstehen doch, wenn man so

---

JZ 1958, 5, MAUNZ-DÜRIG, Kommentar zum Grundgesetz, Bd. I, N 53 zu Art. 2/I, Jörg Paul MÜLLER, Die Grundrechte der Verfassung und der Persönlichkeitsschutz des Privatrechts, 1964, S. 165, Hans PETERS, Das Recht auf freie Entfaltung der Persönlichkeit in der höchstrichterlichen Rechtsprechung. 1963. BVerfGE 8, 328, 12, 347; BVerwGE 1, 321, 4, 24 (31).

⁶ BVerfGE 9, 237 (249).

⁷ Hans Carl NIPPERDEY, Freie Entfaltung der Persönlichkeit. Die Grundrechte, Bd. IV/2, S.768, Josef M. WINTRICH, Zur Problematik der Grundrechte, 1957, 27.

⁸ NIPPERDEY, a.a.O., S.887/8 und die dort in N 595 erwähnte Literatur und Rechtsprechung.

⁹ NIPPERDEY, a.a.O., S.760 f. und Schrifttum und Judikatur in N 79—82.

mit ihr verfährt? Passen zu ihr die Schranken, die Art. 2/I der freien Entfaltung zieht? Ist der Vertragsfreiheit „wohl in dieser Haut"? Die Vertragsfreiheit ist ja übrigens beileibe keine unbenannte Freiheit.

II.

Eignung der Grundrechtsschranken des Art. 2/I des Grundgesetzes?

Gerade die Frage, ob die Schranken der Vertragsfreiheit in den Rechten anderer, in der verfassungsmäßigen Ordnung und im Sittengesetz bestehen, wie Art 2/I sie anführt, drängt sich um so mehr auf, als die Schrankensystematik des Grundgesetzes verwickelt und vielleicht auch ein wenig „hochgezüchtet" ist und als über die Schranken der freien Entfaltung eine Verwirrung herrscht[10]. Schon in diesem ersten Gedankengang wird auch offenkundig, daß „draußen in der Rechtsordnung", überall wo Vertragsfreiheit vorkommt, die Grundsätze und Regeln nicht den gleichen Charakter haben, die die herrschende Ansicht in dem Begriff der Grundrechtsschranken der freien Entfaltung zusammenfassen möchte. Bald sind sie nämlich ein ursprüngliches Einräumen und Umreißen von Vertragsfreiheit, vor allem durch das Privatrecht selber, bald dagegen geht es nicht um ein solches Ausmessen der Vertragsfreiheit, sondern um eine wirkliche, gleichsam nachträgliche Beschränkung, namentlich durch das Wirtschafts- und Sozialrecht. Nach dem schweizerischen OR kann die Haftung für Hilfspersonen bei Erfüllung einer vertraglichen Verbindlichkeit höchstens für leichtes Verschulden wegbedungen werden, wenn es sich um die Verantwortlichkeit aus einem konzessionierten Gewerbe handelt[11]; das ist sicherlich ein

---

[10] NIPPERDEY, a. a. O., S. 780—826. Das Bundesverwaltungsgericht hatte in BVerwGE 1, 321 die Vertragsfreiheit noch unter den Gesetzesvorbehalt von GG Art. 2/2 gestellt. Kritisch Otto BACHOF, Verfassungsrecht, Verwaltungsrecht, Verfahrensrecht A 15. Das Bundesverfassungsgericht betrachtet als Schranken der allgemeinen Handlungsfreiheit und der Vertragsfreiheit nur diejenigen des Art. 2/1. BVerfGE 4, 7 (15), 6, 32 (41 ff.), 8, 274 (328), 12, 341 (347). Es begreift aber unter der verfassungsmäßigen Ordnung sehr weit die verfassungsmäßige Rechtsordnung. 4, 7 (16), 6, 32 (38).
[11] OR Art. 101 Abs. 3, im Einzelnen abweichend BGB § 278 in Verbindung mit § 276 Abs. 2.

Beispiel für eine solche originäre Bestimmung der Reichweite der Vertragsfreiheit durch das Privatrecht selber. Eine Absatzkontingentierung innerhalb einer Wirtschaftslenkung dagegen trägt eindeutig das Zeichen einer aus einer andern Richtung kommenden Beschränkung der Vertragsfreiheit[12]. Bedenkt man im Einzelnen, wie denn die drei Schranken des Art. 2/1 des Grundgesetzes im Hinblick auf die Vertragsfreiheit zu konkretisieren wären, so kommt man vielleicht auf den ketzerischen Gedanken, der geläufige Begriff der Grundrechtsschranke könnte am Ende für die Vertragsfreiheit überhaupt nicht taugen. Die Bindung an das Sittengesetz z. B. dürfte sowieso als eine Mehrzahl von Einzelbindungen und -durchdringungen dem Privatrecht näher liegen, als dem Verfassungsrecht; Staat und Staatsrecht haben mehr einen Gesamtbezug auf das Sittengebot, das zu verleugnen sie zuweilen auch in einer größeren Versuchung sind. Ist es nicht auch so, daß auf dem Tummelplatz der Grundrechtsschranken des Art. 2/1, wenn ich so sagen darf, grundverschiedene Denkweisen und Methoden der Juristen zusammenstoßen: Einerseits Argumentationen mit so allgemeinen, wertbetonten und wertausfüllungsbedürftigen Begriffen wie verfassungsmäßige Ordnung, Sozialstaat, Gemeinwohl, Sittengesetz usw., und andererseits Auslegungsmethoden und -künste und dergleichen, die im Gemeinen Recht und an den Kodifikationen gewachsen sind, wie die beliebte Gegenüberstellung von lex generalis und lex specialis, a maiore minus, Garantiekonkurrenz, Garantieüberlagerung, Kumulation usw.?

Einstweilen soll nur ein Einwand herausgegriffen werden: MAUNZ-DÜRIG in ihrem Grundgesetzkommentar[13] stempeln auf einem etwas verschlungenen Weg das gesamte „traditionelle Ordnungsgefüge des Zivilrechts" als eine verfassungsrechtliche Schranke der Vertragsfreiheit. Sie denken dabei an das, was mein Lehrer Walther BURCKHARDT die Verfassung der Privatautonomie nannte[14], z. B. an die zwingenden Normen über die

---

[12] Karl OFTINGER, Gesetzgeberische Eingriffe in das Zivilrecht. Zeitschrift für schweizerisches Recht (ZSR) 57 (1938), S. 481 a ff., Albert COMMENT, Les atteintes portées au droit civil par des mesures législatives exceptionnelles. ZSR 57 (1938), 215 a ff., H. KOLLMAR, Das Problem der staatlichen Lenkung und Beeinflussung des rechtsgeschäftlichen Verkehrs, 1961.
[13] N 59 zu Art. 2/1.
[14] Walther BURCKHARDT, Methode und System des Rechts, S. 207 ff.

Geschäftsfähigkeit (Handlungsfähigkeit) und ihre Beschränkungen, an Form- und Publizitätserfordernisse, an den Typenzwang bei den dinglichen Rechten u. a. m. Allein nach dieser Lehre müßte also das Verfassungsrecht beim Privatrecht nicht nur eine, sondern zwei Anleihen gemacht haben, um die Vertragsfreiheit zu sich herübernehmen zu können. Es müßte nicht nur den Grundsatz der Vertragsfreiheit selber, sondern gleichsam auch das Bett entlehnt haben, in dem die Vertragsfreiheit dort ruht und sich einschmiegt. Allein nach dieser Lehrmeinung soll dann trotzdem in der umgekehrten Richtung der Zivilrechtsgesetzgeber auch wieder an die Vertragsfreiheit des Grundgesetzes angebunden sein; ihm fehle, wird gesagt, die Zuständigkeit, die Vertragsfreiheit über das im Grundgesetz vorgesehene Maß zu erstrecken oder gegenüber dem Grundgesetz enger zu begrenzen, und sobald ein Rechtsgeschäft die im Grundgesetz gezogene Linie überschreite, bleibe es außerhalb der Grenzen der Vertragsfreiheit, auch wenn es gegen kein Gesetz verstoße[15]. Doch das ist immer noch nicht das Ende dieser seltsamen Verknüpfung hin und her, hin und her: Wenn der Gesetzgeber des Bürgerlichen Rechts als einfacher Gesetzgeber die Vertragsfreiheit trotzdem beschränke, heißt es weiter, handle er nicht eigentlich als Gesetzgeber, sondern als Interpret der Vertragsfreiheit des Grundgesetzes, und es bestehe sogar eine Vermutung für die Verfassungsmäßigkeit seiner Interpretation[16]. Allein ist es wirklich das Grundgesetz und nicht das Bürgerliche Recht, das die Vertragsfreiheit ausmißt? Und ist, was der Zivilgesetzgeber unternimmt, wenn er die Vertragsfreiheit festlegt und umreißt, wirklich nur Auslegung, Tätigkeit mit beengterer Schöpferkraft?

Einige weitere Streitpunkte in diesem Zusammenhang sollen nur gestreift werden. Es scheint, daß an der allgemeinen Handlungsfreiheit und an der Vertragsfreiheit manche Streitfrage wieder aufbreche, die nur notdürftig erledigt war oder unter der Oberfläche weiter schwelte. Was ist unter der verfassungsmäßigen Ordnung zu verstehen; erhält sie, wenn ihr Sinn an den verschiedenen Stellen des Grundgesetzes verschieden ist, im Bereich der Vertragsfreiheit noch einmal ein anderes Gepräge?[17]

---

[15] LAUFKE, a. a. O., S. 166.
[16] LAUFKE, S. 166 f.
[17] VON MANGOLDT-KLEIN, Kommentar Anm. IV, 2b zu Art. 2 GG, S. 182 f. NIPPERDEY, a. a. O., S. 792.

DREWS-WACKE[18] machen geltend, entweder umfasse der Vorbehalt der verfassungsmäßigen Ordnung auch die Schranken des
allgemeinen Polizeirechts, oder die freie Entfaltung sei überhaupt kein praktikables Grundrecht. Es hat in der Tat den Anschein, daß je weiter und formaler man die Freiheit der Entfaltung auffasse, je mehr man sie über den Ideengehalt von Selbstbestimmung und Selbstverantwortung hinaus erstrecke, desto
umgreifendere und unbestimmtere Schranken müsse man herbeirufen, um desto mehr wachse die von manchen befürchtete
Gefahr des Leerlaufs gegenüber dem einfachen Gesetzgeber, des
Absinkens der Freiheit auf das allgemeine Legalitätsprinzip[19].

Was wäre sodann der Wesensgehalt der Vertragsfreiheit, der
nach Art. 19/2 GG in keinem Fall angetastet werden darf?
Gelingt es, aus der Vertragsfreiheit, die doch mit der Rechtsordnung weithin und eigenartig verschränkt ist[20], noch einen
innern Kreis zu ermitteln, etwa mit Hilfe der unantastbaren
Menschenwürde?[21] Und wäre bei der Vertragsfreiheit überhaupt
möglich, Art. 19/1 zu beobachten und in jedem Gesetz, das die
Freiheit einschränkt, den Artikel zu nennen?[22]

Nach der Rechtsprechung des Bundesverfassungsgerichts soll
aber die Vertragsfreiheit nur dann über die allgemeine Handlungsfreiheit und das Auffangrecht des Art. 2 geschützt sein,
wenn sie nicht der Gegenstand eines Einzelgrundrechts sei[23]. So
wird im Schrifttum die Vertragsfreiheit für vermögenserhebliche
Verfügungsgeschäfte in den Eigentumsschutz des Art. 14, für
Arbeitsverträge der Arbeitnehmer in die Berufsfreiheit des
Art. 12, und für gesellschaftsrechtliche Verträge in die Vereinigungsfreiheit des Art. 9/3 verwiesen[24]. Doch diese Zerstückelung

---

[18] Allgemeines Polizeirecht, 7. A., S. 133.
[19] Über den unvermeidlichen Rückgriff auf den allgemeinen Gesetzesvorbehalt, wenn von einer Freiheit von staatlichem Zwang ausgegangen
wird, vgl. Jörg Paul MÜLLER, a. a. O., S. 136 ff., S. 143, unter Hinweis auf
Georg JELLINEK, System der subjektiven öffentlichen Rechte, 1892, S. 97.
Walter LEISNER, Grundrechte und Privatrecht, 1960, S. 325 ff.
[20] Werner FLUME, Allg. Teil des Bürgerlichen Rechts. Bd. II. Das Rechtsgeschäft, 1965, S. 19 f.
[21] Bejahend NIPPERDEY, S. 780, unter Hinweis auf BVerfGE 6, 32 (41),
8, 274 (329).
[22] Verneinend wegen praktischer Unmöglichkeit NIPPERDEY, S. 780.
[23] BVerfGE 6, 32 (41 f.), 8, 274 (328), 12, 341 (347).
[24] LAUFKE, S. 166/7.

der Vertragsfreiheit innerhalb des Grundgesetzes selber ver-
kleinert nicht, sondern vergrößert die Schwierigkeiten. Wäre
tragbar, daß die Vertragsfreiheit von Einzelgrundrecht zu Einzelgrundrecht verschieden wäre, weil die Grundrechtsschranken
verschieden sind, und weil sogar abgestufte Gesetzesvorbehalte
vorkommen? Ist es richtig, noch zwischen Verpflichtungs- und
Verfügungsgeschäften zu unterscheiden, wenn schon die Vertragsfreiheit teils durch die Eigentumsgarantie geschützt sein
soll? Wird ein Arbeitsvertrag nur durch den Arbeitnehmer, nicht
durch den Arbeitgeber, in Ausübung der Berufsfreiheit abge-
schlossen?[25] Doch wir müssen noch grundsätzlicher fragen: Ist
gerechtfertigt, die Vertragsfreiheit allein schon deswegen in ein
Einzelgrundrecht zu verlegen, wenn zwischen beiden ein Funk-
tionszusammenhang besteht? Weil man schließlich kein Gewerbe
ausüben, keine Arbeitsstelle antreten, keine Gesellschaft gründen,
kein Lichtspieltheater besuchen kann, ohne einen entsprechenden
Vertrag zu schließen? Würde nicht genügen, wenn wie früher
dem Zivilrecht belassen würde, durch *seine* Vertragsfreiheit
schlicht und doch verbindend die Voraussetzungen zu schaffen,
damit die Verträge geschlossen werden können, die für die Ausübung eines Berufs, den Antritt einer Stelle, die Gründung einer
Gesellschaft usw. erforderlich sind? Den Funktionszusammen-
hang, in der Schweiz z. B. zwischen dem Grundrecht der Han-
dels- und Gewerbefreiheit (BV Art. 31 Abs. 1) und der Vertragsfreiheit, kann gewiß niemand bestreiten, ebensowenig die
von NIPPERDEY so stark betonte Rolle der Vertragsfreiheit und
Wettbewerbsfreiheit für die Marktwirtschaft[26]. Ob aber wegen
des Funktionszusammenhangs geradezu eine Verschmelzung ge-
boten sei, dürfte einer Überprüfung wert sein. In den Vereinigten Staaten von Amerika wird selbst für die Periode, die vom
spätern 19. Jahrhundert bis 1937 dauerte, in der extremer
Individualismus und Wirtschaftsliberalismus in Verfassungsrechtsprechung und Literatur triumphierten und die Vertragsfreiheit zu einem „fundamental property right" übersteigerten,
über sie nur ausgesagt, daß sie in jener Atmosphäre, in jenem
„climate of opinion" als eine Parallele, als „legitimate and

---

[25] Zum Teil kritisch NIPPERDEY, S. 886, N 594.
[26] NIPPERDEY, S. 861 ff.

indispensable *counterpart*", des freien Wettbewerbs betrachtet
worden sei[27].

Vor einigen Jahren verbot in Zürich der Inhaber mehrerer
Kinos einem Zeitungsberichterstatter, der sich bei ihm mißbeliebt
gemacht hatte, den Zutritt zu seinen Filmvorführungen. Das
Bundesgericht als Zivilgericht wies eine Klage des Filmkritikers
im wesentlichen gestützt auf die Vertragsfreiheit ab; diese gelte
auch im Bereich der Persönlichkeitsgüter, wie z. B. der freien
Meinungsäußerung in den zwischenmenschlichen Beziehungen[28].
Dieses Urteil ist eine Sünde in der umgekehrten Richtung; eine
geistige Freiheit wurde kurzerhand der formalen Abschlußfreiheit untergeordnet, wiewohl der Kinobesitzer sonst alle
Zuschauer unbesehen einläßt.

III.

Vertragsfreiheit und Privatautonomie, Selbstbestimmung und Einvernehmen

Durch den Grundsatz der Vertragsfreiheit wird die Fähigkeit
des Menschen anerkannt, mit rechtsverbindlicher Wirkung
private Abmachungen zu treffen[29]. Eine nüchterne Definition des
überragenden Gestaltungsprinzips des Privatrechts, mit der die
Höhe eines Grundrechts noch nicht erreicht zu sein scheint! Die
Vertragsfreiheit gliedert sich sodann in die Abschlußfreiheit,
d. h. die Freiheit des Entschlusses, einen Vertrag einzugehen oder
nicht einzugehen, in die freie Partnerwahl, in die freie Gestaltung des Vertragsinhalts und in die Freiheit der Abänderung
und Beendigung, besonders die Verzichtsfreiheit[30]. Die inhalt-
liche Gestaltungsfreiheit gilt bei den schuldrechtlichen Verträgen
als die wichtigste der vier Erscheinungsformen und wird bis-

---

[27] Friedrich KESSLER and Malcolm Pitman SHARP, Contracts, 1953, S. 36.
[28] BGE 80 II, S. 26 (39).
[29] Heinrich STOLL, Vertragsfreiheit, in: NIPPERDEY, Grundrechte und
Grundpflichten der Reichsverfassung, 1930, III, S. 175. Ähnlich VON TUHR,
Allg. Teil des Bürgerlichen Rechts, 1910, I, S. 25: „Die allgemeine Befugnis
des Menschen, seine Beziehungen zu andern Menschen durch Vertrag zu
bestimmen."
[30] Karl OFTINGER, Die Vertragsfreiheit, in: Die Freiheit des Bürgers
im schweiz. Recht, 1948, S. 316, STOLL, S. 176.

weilen als Vertragsfreiheit i. e. S. aufgefaßt[31]. Das schweizerische Obligationenrecht führt nur sie ausdrücklich an (Art. 19 Abs. 1). Die Formfreiheit wird in der Schweiz nicht zur Vertragsfreiheit gerechnet.

Die Vertragsfreiheit gilt jedoch nur als ein Teil der Privatautonomie, so wie der Vertrag selber nur die Hauptform, aber nicht die einzige Form privatautonomer Gestaltung ist[32]. Warum sprechen wir aber in der verfassungsrechtlichen Diskussion stets von der Vertragsfreiheit und nicht von der Privatautonomie? Gewöhnlich lautet die Antwort, die Termini „Privatautonomie" und „Vertragsfreiheit" würden der Einfachheit halber als gleichbedeutend gebraucht, oder es werde, was auf dasselbe hinausläuft, pars pro toto genommen[33]. Der Vertrag ist in der Tat das beherrschende Rechtsgeschäft, und die einseitige privatautonome Gestaltung kann hier als Ausnahme vernachlässigt werden[34]. Ferner sind die rechtsdogmatischen Begriffe der Privatautonomie und des Rechtsgeschäfts vorwiegend deutsche Schöpfungen. In England z. B. bürgerten sie sich in Sprache und Lehre kaum ein[35]; „freedom of contract" nimmt gänzlich den Platz ein. In Frankreich und auch in der französischen Schweiz deutet das Wort „autonomie de volonté", das zumeist für Privatautonomie verwendet wird, mehr auf die ideologische Grundlage der Vertragsfreiheit im Denken der Aufklärung und der Revolution[36], und der Ausdruck „acte juridique" für Rechtsgeschäft mutet dort als konstruiert an, und es wird oft in Klammern der deutsche Ausdruck „Rechtsgeschäft" beigefügt[37]. Aus der Vertragsfreiheit treten anders als aus der Privatautonomie die apriorische Natur des Vertrags und der Vertrag als eine zwischenmenschliche Urform in das Bewußtsein.

Allein völlig problemlos ist nun dieses Ausweichen des Verfassungsrechts von der Privatautonomie auf Vertrag und Ver-

---

[31] Werner FLUME, Allg. Teil, II, S. 12.
[32] FLUME, S. 17.
[33] FLUME, S. 12.
[34] FLUME, S. 8.
[35] ZAJTAY, Begründung, System und Präjudiz in den kontinentalen Rechten und im Common Law. AcP 1964 (165), S. 117.
[36] OFTINGER, S. 322.
[37] Claude DU PASQUIER, Introduction à l'étude du droit et de la Philosophie du droit 3e éd. S. 97.

tragsfreiheit doch nicht. Der Vertrag hat gleichsam zwei Haupt-
wurzeln oder zwei Wesensmerkmale, und er unterscheidet sich
dadurch von andern Rechtsgeschäften. Das eine dieser Merkmale
hängt jedoch mit der freien Entfaltung der Persönlichkeit enger
zusammen als das andere. Der Vertrag erscheint gewiß auf der
einen Seite als ein Akt der Selbstbestimmung, hinter dem auch
die ethische Selbstverantwortung aufleuchten kann. Ja, er ist das
eindrückliche Mittel für die grundlegende Befugnis des Menschen, seine Beziehungen zu einem guten Teil nach seinem Gut-
dünken zu ordnen, und die Vertragsfreiheit steht sicherlich auch
im Lichte einer weit ausgreifenden Freiheitsidee[38]. Allein da-
neben ragt der Vertrag noch anderswie hervor: als Kategorie des
Einverständnisses, des Sich-Vertragens, als einvernehmliche
Regelung, als eigener Weg für die Entstehung von Verbindlich-
keiten, auch als Appell an die Vertragstreue. Als „meeting place
for the ideas of agreement and obligation" kennzeichnete ihn
schon 1897 ein bedeutendes Werk von WATT über seine soziale
Rolle[39]. In der einvernehmlichen Regelung darf man jedoch nicht
nur den Vorgang isolierter Willensübereinstimmung sehen, sondern man muß eben die bedeutsame Funktion in der Gesellschaft
beachten. Der zweiseitige Vertrag des Schuldrechts ist ja auch
ausgerichtet auf eines der vier gesellschaftlichen Grundverhält-
nisse, nämlich auf das Anerkennungsverhältnis mit seinen
vorübergehenden Partnerschaften im Gegensatz zum Gemein-
schafts-, Kampf- und Machtverhältnis[40]. Daß das Merkmal der
Verständigung und des Ausgleichs wichtig ist, zeigt sich übrigens
auch in den neuen urgeschichtlichen Forschungen über den
Ursprung des Vertrags. Die sogenannten Wildbeuter waren auf
fortlaufende Verständigung angewiesen; Gleichheit und Rezi-
prozität äußerten sich unter ihnen namentlich in einem Schenken
und Aushelfen[41]. Der späteren Deutung des Vertrags als Selbstbestimmung fehlte für jene frühe Periode der Menschheit schon
deshalb die Grundlage, weil es eine Befehls- oder gar Hoheits-
gewalt noch gar nicht gab, die man als komplementäre Größe

---

[38] OFTINGER, S. 322.
[39] WATT, The Theory of Contract in its Social Light, 1897, S. 2, zitiert
bei KESSLER und SHARP, S. 3.
[40] COING, Grundzüge der Rechtsphilosophie, S. 70 ff., im Anschluß an
die Gesellschaftslehre von VIERKANDT.
[41] Arnold GYSIN, Der Ursprung des Vertrags. Ratio 1960, S. 36 ff.

hätte ansehen und der als Fremdbestimmung man die Selbstbestimmung der Wildbeuter hätte gegenüberstellen können.

Zwischen dem Vertrag als Selbstbestimmung und dem Vertrag als Einverständnis besteht freilich auch eine Brücke. Vor
allen Dingen löscht die Tatsache, daß sich ein jeder Vertragsteil
dem Willen des andern unterwirft, die Selbstbestimmung nicht
aus. Schon 1884 schrieb W. G. MILLER in seinen „Lectures on
the Philosophy of Law": „It ist through contract, that man
attains freedom. Although it appears to be the subordination of
one man's will to another, the former gains more than he
loses."[42] Hinweisen kann man auch auf die kulturgeschichtliche
Lehre von Sir Henry MAINE in seinem großartigen Werk „The
ancient Law" die in angelsächsischen Ländern heute noch auf
viel Anklang und Überzeugung und nur vereinzelt auf Ab-
lehnung stößt. Die rechts- und sozialgeschichtliche Entwicklung
in einem entscheidenden Abschnitt wäre darnach durch die fort-
schreitende Bewegung vom status des Menschen zum Vertrag
gekennzeichnet. Status bedeutet in dieser Sicht Abhängigkeit des
Menschen von seiner Familie, Beherrschung durch sie, in Gestalt
starrer Bindungen durch Recht und Sitte[43]. Der Vertrag dagegen,
der auch im Abendland die statusbestimmte Gesellschaft sozusagen ausbrannte, erschien Sir Henry MAINE zugleich als ein
Werkzeug der Anpassung, Differenzierung und Änderungs-
möglichkeit, des Zusammentreffens freier Auswahl verschiedener
Menschen, als ein Werkzeug des Ausgleichs und damit des Frie-
dens und der Stabilisierung, ja als ein Werkzeug nicht der För-
derung, sondern im Gegenteil der Überwindung des Egoismus[44].
Unschwer erkennen wir in dieser Anschauung, daß ihr Urheber
im Wesen des Vertrags Selbstbestimmung und Selbstbehauptung
mit Übereinstimmung und Verständigung zusammen brachte, ja
beinahe ineinssetzte.

Dennoch glitten in der Bundesrepublik, so dünkt mich wenigstens, die verfassungsrechtliche Problemlage und die Ausein-
andersetzung unvermerkt mehr auf die Wurzel von Vertrag und
Vertragsfreiheit, die der freien Entfaltung der Persönlichkeit
etwas ferner liegt und die für die Verfassung weniger spezifisch

---

[42] W. G. MILLER, Lectures on the Philosophy of Law, 1884, S. 9.
[43] FRIEDMANN, S. 126.
[44] KESSLER und SHARP, S. 3.

ist als die Selbstbestimmung, auf das Moment der einvernehmlichen Regelung.

Besonders deutlich kommt dies in der Ansicht zum Ausdruck, die SCHMIDT-RIMPLER in mehreren Arbeiten und neuerdings wieder in seinem Artikel „Wirtschaftsrecht" im HDSW verficht[45]. Als Ausgleich entgegenstehender Interessen ist für ihn der Vertrag ein Mechanismus zur Herbeiführung des „Richtigen", d. h. einer vernünftigen, einer gerechten und zweckmäßigen Regelung. Als Mittel zum Richtigen stellt er den Vertrag sogar in Gegensatz zu nackter Willensherrschaft. Beim Vertrag könnten die rechtlichen Richtigkeitserwägungen den Parteien überlassen werden, weil sie sich gegenseitig korrigieren und weil es genüge, daß der Erfolg *ihren* Wertungen entspricht, soweit nicht Dritte oder die Gemeinschaft betroffen werden. Offenbar soll diese „Richtigkeitsgewähr" auch die Vertrags-*freiheit* rechtfertigen. Sie entstammt jedoch vorwiegend dem Gedanken des Ausgleichs, nicht der Selbstbestimmung, und sie zeichnet nur den Vertrag aus, nicht die privatautonome Gestaltung an sich. Freilich wird die Lehre SCHMIDT-RIMPLERS zumeist abgelehnt. Es wird ihr vorgeworfen, sie mediatisiere die Privatautonomie und lösche das Kriterium des Gutdünkens, der Privatwillkür zu Unrecht aus, indem sie die Privatautonomie als substituiertes Mittel zur Verwirklichung einer von der Gesamtheit als gerecht und zweckmäßig verfügten Ordnung hinstelle[46].

Werner FLUME bezeichnet als ewiges Dilemma der Privatautonomie, daß sie immer wieder durch ungleiche Machtverteilung in Frage gestellt werde[47]. Privatautonomie ist nur gerechtfertigt, wenn auch die tatsächliche Macht zur Selbstbestimmung gegeben ist. Sollte die Vertragsfreiheit durch Art. 2/1 GG mitverbürgt sein, so müßte demnach gegen Machtmißbrauch[48], aber auch schon gegen extrem einseitige Macht-

---

[45] SCHMIDT-RIMPLER, AcP 147, S. 130 ff., Festschrift Nipperdey, 1955, S. 1 ff. (HDSW 6), S. 691.
[46] RAISER, Vertragsfunktion, S. 118, FLUME, Rechtsgeschäft und Privatautonomie, in: Hundert Jahre deutsches Rechtsleben, S. 143, STRATENWERTH, Das rechtstheoretische Problem der Natur der Sache, 1957, S. 23 f.
[47] FLUME, Allg. Teil, S. 10, Friedrich KESSLER, Festschrift für Martin Wolff, 1952, S. 67 ff.
[48] MAUNZ-DÜRIG, N 58 zu Art. 2/1.

lagen, eine der verfassungsrechtlichen Schranken der Entfaltungsfreiheit aufgeboten werden können. Doch da macht sich die begrenzte Lenkungskraft des Rechts geltend. Beschränkungen der Vertragsfreiheit aus einem solchen Grund werden notwendig die Ausnahme bleiben müssen. Der Gesetzgeber ist auf den Normalfall angewiesen, oder er wird ihn fingieren. Im Normalfall kommt es nicht unter dem Druck einer Übermacht zur Einigung. Die Vertragsfreiheit ist stets auch den Veränderungen der Gesellschaft ausgeliefert, mehr als die Grundrechte; mit diesen Wandlungen aber stoßen mitunter auch neue Quellen der Unfreiheit auf. Jedenfalls beschlägt auch dieser Fragenkreis mehr den Vertrag als einvernehmliche Regelung. Von ungleicher Machtlage wird ja nur im Hinblick auf zwei oder mehr Personen gesprochen, deren Macht verglichen wird. Man denkt an einen Vertrag, der eine Façade ist; das Einverständnis wurde durch sozialen Zwang herbeigeführt.

Bei Hans Carl NIPPERDEY bildet die Auffassung, daß die Vertragsfreiheit durch Art. 2/1 GG gewährleistet sei, einen Teil seiner wirtschaftsverfassungsrechtlichen Grundkonzeption von der sozialen Marktwirtschaft, für die das Grundgesetz verbindlich Stellung genommen habe[49]. Wahrscheinlich liegt auf diese Weise auch bei ihm ein starkes Gewicht auf dem zweiten Merkmal des Vertrages, zumal ihm besonders an der richtigen Einreihung der Kartellverträge, also einvernehmlicher, aber die Wirtschaftsverfassung tangierender Marktbeherrschung und Marktbeeinflussung, gelegen ist.

IV.

Über die Zugehörigkeit der Vertragsfreiheit zum Privatrecht

In Deutschland überdachten unlängst zwei anerkannte Privatrechtsgelehrte die Vertragsfreiheit aufs neue, Ludwig RAISER und Werner FLUME. Sie legten die Früchte ihrer Forschung in ihren Beiträgen zu der Festschrift „Hundert Jahre deutsches Rechtsleben" für den Deutschen Juristentag nieder, teils aber

[49] NIPPERDEY, Freie Entfaltung der Persönlichkeit. Die Grundrechte, Bd. IV/2 S. 861 ff.

auch anderwärts, FLUME auch im Zweiten Band seiner systematischen Bearbeitung des Allgemeinen Teils des BGB[50].

RAISER fordert zunächst, daß in einer zeitgemäßen Vertragslehre an Stelle des Willensdogmas die Funktionsmerkmale des Vertrags in den Vertragsbegriff hineingenommen würden. Der Vertrag müsse mehr als ein Rüstzeug rechtlicher Ordnung zwischenmenschlicher Beziehungen verstanden werden. Auch auf den Gebieten, auf denen die Rechtsordnung den Vorrang der Privatautonomie noch anerkennt, hat sich die Vertragsfreiheit stark gewandelt. Die Freiheit im Sozialstaat steht unter dem Gebot der Gerechtigkeit, das nicht nur erlaubt, sondern sogar verlangt, denjenigen Verträgen die Anerkennung zu versagen, die nach der Art des Zustandekommens oder nach dem Inhalt den von der Rechtsordnung zu schützenden Werten zuwiderlaufen. Freiheit und Sozialstaatsprinzip in diesem Sinn verhalten sich jedoch zueinander nicht wie Regel und Ausnahme, sondern wie These und Antithese im dialektischen Prozeß[51]. Wörtlich schreibt RAISER: „Auch innerhalb einer Kultur, die wie die abendländische die Eigenständigkeit und Eigenverantwortung der Person zu ihren höchsten Werten zählt, sind im Laufe der Jahrhunderte wechselnde und inhaltlich sehr verschiedene Ausgestaltungen des Verhältnisses der Person zur Gemeinschaft möglich gewesen. Darum gibt die abendländische Rechtskultur in ihrem geschichtlichen Wandel auf unsere Fragen viele Antworten, und muß jede Generation die rechte Antwort für ihre Zeit neu erarbeiten". In der Gegenwart der industriellen Massengesellschaften herrscht freilich eine vermehrte Zwangsläufigkeit, die aus den Seinsbedingungen von Staat und Gesellschaft hervorgeht[52]; diese Zwänge brechen auch in die von RAISER betonte Dialektik von Freiheit und Sozialstaatlichkeit ein.

Die Betrachtung RAISERS begegnet sich mit einer neuen amerikanischen Beurteilung von „freedom of contract". In dem mehrfach erwähnten Werk von Friedrich KESSLER und Malcolm Pitman SHARP werden zwei polare Prinzipien des Vertragsrechts

---

[50] RAISER, Vertragsfunktion und Vertragsfreiheit, S. 102 ff., S. 105, Vertragsfreiheit, heute, JZ 13 (1958), S. 2 ff., S. 4.
[51] RAISER, Vertragsfunktion und Vertragsfreiheit, S. 127.
[52] Werner WEBER, Die verfassungsrechtlichen Grenzen sozialstaatlicher Forderungen, Der Staat, 4. Band (1965), S. 438/9.

auseinandergehalten. Der eine Pol ist der Grundsatz der freien Selbstbestimmung, der andere Pol ist die Kontrolle durch Rechtssetzung und Rechtsprechung, die in einem die ganze Rechtsordnung überziehenden Kontrollsystem zum Vorschein kommt. In der Dialektik von Selbstbestimmung und Kontrolle ist dieser zugedacht, als Antithese die Selbstbestimmung unter Umständen herabzusetzen oder sogar wieder zu beseitigen[53].

Unausweichlich ist also der Umfang der Vertragsfreiheit an vielen Stellen des geltenden Rechts abgesteckt. Die von RAISER geschilderte Vielfalt im geschichtlichen Wandel ist als strukturelle Vielfalt auch über das geltende Recht ausgesät.

FLUME geht noch entschiedener auf die Eigenart der Vertragsfreiheit ein. Die Vertragsfreiheit fordert geradezu die Rechtsordnung als ihr Korrelat. Die Einzelnen können nur Rechtsverhältnisse gestalten, die als Rechtsfiguren der Rechtsordnung eigen sind. Die privatautonome Gestaltung von Rechtsverhältnissen kann nur durch Akte geschehen, welche als Akttypen rechtsgeschäftlicher Gestaltung von der Rechtsordnung anerkannt sind. Sinnvollerweise kann man auch nicht die Frage stellen, ob die privatautonome Gestaltung des Einzelnen oder die Rechtsordnung der „eigentliche" Grund für die Geltung des privatautonomen Akts ist, „ob z. B. der Kaufvertrag oder die Norm des § 433 der »eigentliche« Grund dafür ist, daß der Verkäufer die Ware zu liefern und der Käufer den Kaufpreis zu zahlen verpflichtet ist. Beides, die privatautonome Gestaltung des Rechtsverhältnisses ... und die Rechtsordnung ... gehören als Rechtsgrund ... untrennbar zusammen". Über die Bedeutung der Vertragsfreiheit für das Verfassungsrecht führt FLUME wörtlich aus: „Das Problem der Privatautonomie und im besonderen der Vertragsfreiheit wird unrichtig gesehen, wenn das Recht auf Selbstgestaltung der Rechtsverhältnisse mit den sonstigen im Grundrechtskatalog aufgeführten persönlichen Freiheitsrechten auf eine Stufe gestellt wird. So wird von manchen die Vertragsfreiheit als apriorisches Freiheitsrecht hypostasiert, dem gegenüber gesetzliche Regelungen einer besonderen Rechtfertigung bedürfen sollten[54]." „Es trifft ... jedoch nicht zu, daß die Vertragsfreiheit durch die Zivilrechtsordnung nur insoweit be-

---

[53] a. a. O., S. 3.
[54] Allg. Teil, S. 17.

schränkt werden dürfe, als deren Normen mit Rücksicht auf Art. 2 Abs. 1 des Grundgesetzes von der Rechtsgütertrias des Soweitsatzes gefordert werden. Die Vertragsfreiheit kann sich vielmehr nur in der Rechtsordnung betätigen."[55] „Einschränkungen der Vertragsfreiheit sollen nur statthaft sein, soweit überragende Forderungen des Gemeinwohls eine solche Beschränkung unabdingbar verlangen. Von andern wird die Vertragsfreiheit unter den Vorbehalt der verfassungsmäßigen Ordnung gestellt und das Problem der Begrenzung der Vertragsfreiheit dadurch gelöst, daß die Zivilrechtsordnung in den Rang der verfassungsmäßigen Ordnung erhoben wird. Demgegenüber ist folgendes zu sagen: Weil die Vertragsfreiheit nur nach Maßgabe der Rechtsordnung bestehen kann, so ergeben sich aus der verfassungsmäßigen Gewährleistung der Vertragsfreiheit keine konkreten Folgerungen für den Inhalt der Privatrechtsordnung, abgesehen von der Grundentscheidung unserer Verfassung für eine Privatrechtsordnung."[56]

Die Verfassungsrechtler sind nach diesen wertvollen kritischen Ergebnissen wohl aufgerufen, den Faden nochmals aufzunehmen. Eine Reihe wichtiger Einsichten darf nun nicht mehr übergangen werden:

1. Die Vertragsfreiheit kann gar nicht anders als nach Maßgabe der Rechtsordnung gewährleistet sein. Zwischen all den vielen Stellen, wo Vertragsfreiheit gewährt oder verweigert oder wo ihr Umfang geregelt wird, und einem Grundrecht der Verfassung, z. B. eben der freien Entfaltung, kann kein Gelenk bestehen. Gelenke, die sich hundertfach verzweigen, sind unvorstellbar. Es muß mißlingen, die Standorte von Vertragsfreiheit zusammenzuraffen, so daß daraus eine Grundrechtsbestimmung wie eine andere, mit einem Grundrecht als unmittelbar anwendbarem Recht wird. Auch mehrmalige Verschränkungen hin und her zwischen einem Grundrecht und der Vertragsfreiheit des Bürgerlichen Rechts sind undurchführbar, denn bei solchen Verschränkungen zerfließt schließlich alle normative Substanz.

2. Auf den Vorrang der Verfassung vor dem einfachen Gesetz, des Grundgesetzes vor dem BGB, kann man sich in diesem Gedankengang nicht berufen. Die Aufgabe, die Vertragsfreiheit

---

[55] Rechtsgeschäft und Privatautonomie, S. 127.
[56] Allg. Teil, S. 17/18.

zunächst auszumessen, fällt dem Bürgerlichen Recht und nicht dem Grundgesetz zu, nicht weil die Hierarchie der Normen oder die Superiorität der „Erlaßformen" auf den Kopf gestellt werden soll, sondern weil es die dem Bürgerlichen Recht innewohnende Berufung ist, also obwohl bei formeller Betrachtung der Vorrang der Verfassung das Gegenteil verlangen würde.

3. Das Rechtsgeschäft, durch das die Privatautonomie genutzt wird, ist in seiner Alltäglichkeit und Vielzahl weit mehr als die Ausübung der Freiheitsrechte an der Unmittelbarkeit und Spontaneität des gesellschaftlichen Lebens beteiligt, das seinerseits in die Dialektik von Freiheit und Sozialstaat fortwährend hineinwirkt.

4. Mit der Absteckung der Vertragsfreiheit durch das Bürgerliche Recht werden ihr auch bereits die ersten Schranken gezogen. Solche Schranken sind in vielen zwingenden Bestimmungen des Bürgerlichen Rechts enthalten. Das zwingende Recht kann verschiedenen Ordnungs- und Schutzzwecken dienen. Es kann gezielt oder mehr beiläufig gegen die Beanspruchung von Vertragsfreiheit oder von uneingeschränkter Vertragsfreiheit gerichtet sein. Cum grano salis läßt sich auf diese erste Schrankenziehung das zitierte Wort des Bundesverfassungsgerichts im Lüth-Urteil übertragen: Die im Privatrecht geltenden zwingenden Bestimmungen sind das Medium, durch das die freie Entfaltung der Person auch dort Grenzzeichen begegnet.

5. Verletzungen der Vertragsfreiheit durch Akte der Rechtssetzung und durch Einzelakte setzen voraus, daß vorher grundsätzlich, sozusagen in der ersten Runde, die Vertragsfreiheit bereits abgesteckt worden sei. Dieses Ausmessen der Vertragsfreiheit durch das Privatrecht an den Orten, wo Vertragsfreiheit in Betracht kommt, kann selber nicht wieder gegen die Vertragsfreiheit verstoßen.

6. Eine Schwierigkeit bereitet freilich der soziale Gedanke, der heute mehr und mehr auch das Zivilrecht durchwaltet. Von Bestimmungen dieser Art läßt sich nicht mehr mit Eindeutigkeit sagen, ob sie die Vertragsfreiheit ausmessen oder abbauen. Es bleibt wohl nichts anderes übrig, als darauf abzustellen, daß sie formell zur Zivilrechtskodifikation gehören. Sie entstammen eben trotz ihres sozialen Charakters der Selbständigkeit des Zivilrechtsgesetzgebers. Durch sie erweist sich besonders ein-

drücklich, daß sich die gesellschaftliche Bedingtheit des Rechts bei der Vertragsfreiheit anders verhält als bei den Freiheitsrechten, und daß sie rascher und wirksamer in Rechtsinhalte und Rechtsstruktur eingeht.

Einige Beispiele aus dem schweizerischen Recht: Art. 347 des Schweizerischem Obligationsrechts verbietet, in einem Dienstvertrag eine längere Kündigungsfrist für den Arbeitnehmer vorzusehen als für den Arbeitgeber. Art. 340 OR beschränkt zwingend die Aufrechenbarkeit der Lohnschuld des Dienstherrn mit Gegenforderungen. Art. 335 OR hält den Dienstherrn an, bei den für längere Zeit abgeschlossenen Dienstverträgen den Lohn auch während Krankheit und Militärdienst des Dienstpflichtigen zu entrichten. Art. 254 Abs. 3 OR gibt dem Mieter ein qualifiziertes Rücktrittsrecht vom Vertrag, wenn Mängel der Mietsache seine Gesundheit oder die seiner Hausgenossen oder Arbeitgeber gefährden.[56a]

7. Durch die Grundrechtsbestimmungen der Verfassung werden ohnehin lediglich skizzenhafte Verhaltensentwürfe aufgestellt. Sie müssen erst durch umfangreiche, gründliche und vor allem situationsbezogene Problemerörterungen konkretisiert werden[57]. Die Grundrechtsfassung erscheint mehr als ein Vorläufiges, als ein Formalisierungsversuch, und der Problemcharakter verläßt die Grundrechtsanwendung auf keinem Schritt[58]. Ein Grundrecht, auch das Recht auf freie Entfaltung, ist zwar zu vielem aufnahmebereit, aber es darf doch auch nicht überanstrengt werden.

V.

Hinweise auf das schweizerische und das amerikanische Recht

Die wissenschaftlichen Ergebnisse von RAISER und FLUME waren in der Schweiz in ihrem Kern vorbekannt gewesen und

---

[56a] Die im Wurf befindliche Revision des Dienstvertragsrechts des OR wird zweifellos den sozialen Einschlag dieses Abschnitts verstärken. Vgl. Walther HUG, Die Revision des Dienstvertragsrechts, in: St. Galler Festgabe 1965 zum Schweizerischen Juristentag.

[57] Richard BARTLSPERGER, Die Integrationslehre Rudolf Smends als Grundlegung einer Rechts- und Staatstheorie. 1964, S. 137.

[58] Reinhold ZIPPELIUS, Wertungsprobleme im System der Grundrechte, 1962, S. 82.

hatten in der Rechtsprechung Wurzel gefaßt. Das schweizerische
Verfassungsgericht, die staatsrechtliche Kammer des Bundes-
gerichts, behandelt in einer nun schon neunzigjährigen Praxis
den Vorrang des Bundesrechts vor dem kantonalen Recht wie
ein Grundrecht. Verletzungen des bundesstaatlichen Grundsatzes
„Bundesrecht bricht kantonales Recht" können durch den Bürger
oder eine juristische Person mit Verfassungsbeschwerde gerügt
werden, wie Verletzungen eines Freiheitsrechts, eines Staatsbürgerrechts oder einer Garantie. Für Ausländer mag dies höchst
erstaunlich sein, selbst wenn sie auch einem Bundesstaat ange-
hören. Die Rechtsprechung ist so zu erklären, daß sie gleichsam
die beschwerte Person an den Wagen des Bundesstaates spannt,
damit sie mit ihrem Interesse vor dem Verfassungsgericht den
obwaltenden Konflikt zwischen dem Bundesrecht und dem glied-
staatlichen Recht eher zum Austrag bringe, damit der Konflikt
nicht länger währe und die Rechtsunsicherheit nicht wachse.
Die Mühlen der Bundesaufsicht von Amtes wegen mahlen eben
zumeist langsamer, und manche Zusammenstöße von Bundesrecht und kantonalem Recht werden ihr nicht bekannt. Die Verfassungsbeschwerde kann sodann nicht nur zum Zwecke der
abstrakten Normenkontrolle erhoben werden, sondern auch noch
gegen die Anwendung bundesrechtswidrigen kantonalen Rechts
im Einzelfall. Ferner sieht das Verfassungsgericht den Vorrang
des Bundesrechts selbst dann als verletzt an, wenn eine kantonale
Behörde mit dem kantonalen Recht irrtümlich und zu Unrecht
vor dem Bundesrecht zurückweicht, wenn sie also dem Bundesrecht eine zu weite Geltung beimißt[59]. Eingebettet in diesen
bundesstaatlichen Verfassungsrechtsschutz ist nun auch das Verhältnis des kantonalen öffentlichen Rechts zum Bundeszivilrecht.
So kommen auch Konflikte des kantonalen Rechts mit der Vertragsfreiheit des Bundeszivilrechts auf diese Weise zum Austrag.
   Allein nun gesteht Art. 6 des Zivilgesetzbuches dem kantonalen öffentlichen Recht gegenüber dem Bundeszivilrecht eine
gewisse Expansivkraft zu. Sie ist eine rechtliche Möglichkeit, das
Bundeszivilrecht „zurückzudrängen".[60] Durch diese Expansiv-

---

[59] Hans HUBER, in: Recht, Staat, Wirtschaft, Bd. IV, 1953, S. 124, JöR 11,
1962, S. 64 ff.
[60] Hans HUBER, Berner Kommentar zum ZGB, Einleitungsband, Art. 6
ZGB, ferner „Das Verhältnis des kantonalen öffentlichen Rechts und des
Bundeszivilrechts in der Gegenwart". ZbJV 98 (1962), S. 169 ff.

kraft des kantonalen öffentlichen Rechts, das überwiegend modernes Sozialrecht ist, kann deshalb auch die Vertragsfreiheit nachträglich beschränkt werden. Zu beachten ist, daß sich nicht die Bundesverfassung, sondern das Zivilgesetzbuch zu dieser Ermächtigung der Kantone bekannt und entschlossen hat. Allein das Richterrecht des Verfassungsgerichts zog dieser Expansivkraft des kantonalen öffentlichen Rechts seinerseits eine Sperre, und die Überschreitung dieser Sperre durch den kantonalen Gesetzgeber stellt den spezifischen Verstoß gegen das Bundeszivilrecht und seine Vertragsfreiheit dar. Die Sperre setzt sich aus drei Teilen zusammen: Die Rechtssätze des kantonalen öffentlichen Rechts, die den Anwendungsbereich des Bundeszivilrechts zurückdrängen wollen, müssen nach der Rechtsprechung ein haltbares und einleuchtendes öffentliches Interesse für sich haben[61]. Dieses öffentliche Interesse kann ein polizeiliches oder auch ein sozialpolitisches sein. Zweitens darf das kantonale öffentliche Recht, selbst wenn ihm ein öffentliches Interesse solcher Qualität zur Seite steht, das Bundeszivilrecht nicht vereiteln[62]. Endlich darf das kantonale öffentliche Recht dem Sinn und Geist des Bundeszivilrechts nicht widersprechen[63]. Mehr im Verborgenen oder nebenbei stellt das Verfassungsgericht noch andere Erwägungen an, z. B. um die Rechtseinheit oder die Einheit des schweizerischen Wirtschaftsgebietes zu wahren, etwa wenn sozialpolitische Vorstöße einzelner Kantone allzu große Unkostenfaktoren für die wirtschaftlichen Unternehmungen und dadurch Belastungen der Konkurrenzfähigkeit darstellen würden.

Diese Schrankenziehung ist allerdings eine richterliche Tätigkeit von eigenartiger Qualität. Die drei Anforderungen bleiben zu einem Teil Blankette. Ein großer, aber unvermeidlicher Raum für ein case-law, ein Einzelfallrecht mitten in der Zivilrechtskodifikation und an der Schwelle der Grundrechte der Verfassung!

Mit Fug kann man auch entgegenhalten, daß der Rahmen jedenfalls zu eng gespannt sei. Das Zurückdrängen des Anwendungsbereichs des Bundeszivilrechts durch das öffentliche

---

[61] BGE 43 I 286, 58 I 30, 173, 76 I 305, 321, 85 I 20, 85 II 375, 87 I 188, 290.
[62] BGE 71 I 442, 73 I 383, 84 I 116, 139, 88 I 169.
[63] BGE 85 I 23 ff., 88 I 257.

Recht des Bundes, das Sozial- und Wirtschaftsrecht, das viel mehr ins Gewicht fällt, bleibt unbeurteilt; es liegt ganz und gar in der Verantwortung des Bundesgesetzgebers selber, und dieser legt sich nicht einen so strengen Maßstab an, wie das Verfassungsgericht dem kantonalen Gesetzgeber. Allein dies hängt mit der Ausgestaltung der Verfassungsgerichtsbarkeit in der Schweiz zusammen, in der eine Normenkontrolle gegenüber den Bundesgesetzen ausdrücklich wegbedungen ist (BV Art. 113 Abs. 3).

In dem dargelegten engen Rahmen aber empfängt die Vertragsfreiheit wirklich eine Stellung und einen Schutz, die ihr angemessen sind.

1. Es ist das Zivilrecht, das die Vertragsfreiheit zuerst absteckt, und sie ist nur in dem Maß und an den Stellen des Zivilrechts verfassungsrechtlich geschützt[64].

2. Wenn der Zivilrechtsgesetzgeber auf seine Weise die Vertragsfreiheit erst vorkehrt und ausmißt, gilt er nicht als wiederum gebunden an eine verfassungsmäßige Vertragsfreiheit, sondern verfassungsrechtlich gewährleistet ist „nur" allgemein der Bestand der Privatrechtsordnung.

3. In der Gegenwart darf vom Zivilrechtsgesetzgeber aber vorausgesetzt werden, daß er weder an der schon gebrochenen, starren historischen Ideologie der Privatautonomie festhalte, noch sich gegen die sozialstaatlichen Züge sperre, die heutzutage das Privatrecht selber annimmt, daß er aber Maß halte und die erforderliche Verteidigung des Privatrechts nicht aufgebe. Die Begriffe, die die Rechtsprechung zu diesem Zweck geschaffen hat, sind der Aufgabe angemessen.

4. Die weitere „Zurückdrängung" der Vertragsfreiheit ist nach der Rechtsprechung grundsätzlich zulässig. Der Verfassungsrichter muß zwischen Selbstbestimmung und Selbstverantwortung und einem notwendigen Spielraum persönlicher Lebensgestaltung, sowie der Bewertung der Funktion des Einvernehmens einerseits und der erforderlichen Kontrolle andererseits abwägen. Namentlich der Begriff des haltbaren öffentlichen Interesses wird der Dialektik gerecht und entzieht sich auch nicht der Justizia-

---

[64] Über die Begrenzung bei der Einräumung rechtsgeschäftlicher Privatautonomie vgl. auch Fritz von Hippel, Das Problem rechtsgeschäftlicher Privatautonomie. 1936, S. 110 ff.

bilität. Die Gedankenfolge der Rechtsprechung spiegelt die Mehrstufigkeit des Absteckens der Vertragsfreiheit durch den Zivilrechtsgesetzgeber und der nachträglichen Reduktion durch das Sozial- und Wirtschaftsrecht wider, und das entstehende case-law vermag als Richterrecht selber wieder sowohl den gesellschaftlichen Wandel zu kanalisieren, als mit ihm zu gehen.

Einige Beispiele:

Wie nach BGB § 635 kann nach OR Art. 417 ein unverhältnismäßig hoher Mäklerlohn durch den Richter herabgesetzt werden: Einschränkung der Vertragsfreiheit durch die Möglichkeit richterlicher Vertragsänderung. Der Zivilgesetzgeber wollte offenbar mehr den Wucher bekämpfen als den Sozialstaat ausbauen. Der Kanton Freiburg ging hin und begrenzte in einem Gesetz den Mäklerlohn bei Liegenschaftsvermittlung auf 2% der Kaufsumme. Das Verfassungsgericht hieß eine Verfassungsbeschwerde aus dem Grunde gut, weil der Abbau uneingeschränkter Vertragsfreiheit durch das Zivilrecht selber, in Gestalt der elastischeren richterlichen Herabsetzungsmöglichkeit, als abschließend betrachtet werden müsse[65].

Vor Erlaß des Bundesgesetzes über die berufliche Ausbildung von 1930 entschied schon das Verfassungsgericht, es sei eine zulässige Einschränkung der Vertragsfreiheit, wenn kantonales öffentliches Recht Konkurrenzverbote in Lehrverträgen beanstande[66].

Die Allgemeinverbindlicherklärung von Gesamtarbeitsverträgen (Tarifverträgen) ist heute bundesrechtlich geordnet[67]. Früher hatten einige Kantone versucht, die Allgemeinverbindlicherklärung für sich einzuführen. Das Verfassungsgericht hieß Verfassungsbeschwerden gegen diese kantonalen Gesetze gut, weil die Vertragsfreiheit der Kontrahenten der Einzeldienstverträge jedenfalls nicht durch die Kantone beseitigt werden dürfen[68]. Daß die Tarifautonomie selber nicht etwa Teil der Vertragsfreiheit des Bürgerlichen Rechts ist, ist in der Schweiz überwiegend anerkannt.

---

[65] BGE 65 I 79.
[66] BGE 37 I 49.
[67] BG über die AVE von Gesamtarbeitsverträgen vom 28. September 1956.
[68] BGE 64 I 23, 65 I 249.

Ein einziges Urteil tanzt aus der Reihe. In Basel reichte die kommunistische Partei ein Volksbegehren ein, in Industrie und Handwerk seien allgemeine Mindestlöhne einzuführen. Der Große Rat des Kantons weigerte sich, das Volksbegehren der Volksabstimmung zu unterbreiten, da es bundesrechtswidrig sei. Hauptfrage bei der Beurteilung der darauf von der kommunistischen Partei erhobenen Verfassungsbeschwerde war also die angebliche Verletzung eines Staatsbürgerrechts, des Initiativrechts. Doch stellte sich die Vorfrage, ob das konkrete Volksbegehren bundesrechtswidrig sei. Bei der Beantwortung der Vorfrage ging das Verfassungsgericht davon aus, daß die Vertragsfreiheit in der Handels- und Gewerbefreiheit enthalten sei[69].

In den Vereinigten Staaten von Amerika trat die Vertragsfreiheit ursprünglich in einem andern rechtlichen Gewande auf, nämlich allein als Schutz schon bestehender, gültiger Verträge, d. h. individueller Rechtspositionen[70]. EHMKE spricht von einer Einarbeitung der Doktrin der wohlerworbenen Rechte, der vested rights, durch die Rechtsprechung in die Bundesverfassung. Die Grundlage findet sich nicht wie für die andern Grundrechte in den ersten zehn Zusatzartikeln der Verfassung, sondern im Verfassungstext selber. Er ist die contract clause des Art. 1 section 10: „No State shall pass any law impairing the obligation of contracts." Das Verbot richtet sich also gegen die Ungültigerklärung oder Schwächung von Verträgen[71]. Auf diese Weise geschützt sind z. B. bis heute auch Steuerabkommen, die ein Staat abschloß, um sein Wirtschaftsleben zu stimulieren, und die er später abschütteln möchte[72]. Auf das Ganze gesehen wurde die Rechtsprechung zur contract clause und zum Umfang der Vertragsfreiheit weitgehend vom Vertrags-, Eigentums-, Verfahrens- und Vollstreckungsrecht her bestimmt, und daraus erwuchs dieser Art Vertragsfreiheit eine erhebliche rechtstechnische Prä-

---

[69] BGE 80 I 155.

[70] Karl LOEWENSTEIN, Verfassungsrecht und Verfassungspraxis der Vereinigten Staaten, 1959, S. 100 ff., Reginald PARKER, Das öffentliche Recht, Verfassungsrecht und allgemeine Verwaltungsrecht der Vereinigten Staaten von Amerika, 1963, S. 34 ff., Horst EHMKE, Wirtschaft und Verfassung, 1961, S. 34 ff., Chester James ANTIEAU, Commentaries on the Constitution of the United States, 1960, S. 136 ff.

[71] Für die Schweiz: Hans Huber in der Jellinek-Gedächtnisschrift 1955, S. 457 ff.

[72] PARKER, S. 34 ff.

zision[73]. Es wird aber auch für Amerika klar, was FLUME für Deutschland darlegte, daß nämlich die Vertragsfreiheit die Rechtsordnung voraussetzt. In der Zeit seines Triumphs drang der Wirtschaftsliberalismus manchesterlicher Gattung auch in die richterliche Anwendung der contract-clause ein. Immerhin war diese Rechtsprechung gemäßigter als eine andere, die wir sogleich kennenlernen werden. Schon in einem Urteil von 1911 hieß es: „Liberty implies the absence of arbitrary restraint, not immunity from reasonable regulations and prohibitions in the interest of the community."[74] Zahlungsmoratorien für Hypothekarschuldner z. B. fanden Durchlaß.

Da nun aber nur die Gliedstaaten an die Garantie der schon bestehenden Verträge gebunden sind, und da die industrielle Wirtschaft nach größerer Vertragsfreiheit dürstete, drang eine solche machtvoll und schon bald nach der Mitte des vorigen Jahrhunderts auf einer andern Grundlage in die Rechtsprechung ein, nämlich auf Grund des 5. und des 14. Zusatzartikels der Verfassung, die beide due process of law, das gehörige Rechtsverfahren für Entzug des Lebens und für Entzug oder Schmälerung von Freiheit und Vermögen, gewährleisten. Dieser Aufstieg einer radikaleren und stark dogmatisierten Vertragsfreiheit geschah im Zuge der an sich schon umwälzenden Erweiterung von due process als einer bloßen Verfahrensgarantie zu einer materiellrechtlichen Garantie, zu „substantive due process". Ja, die Vertragsfreiheit nahm fortan neben der Eigentumsgarantie den vordersten Platz ein. Zugleich löste sie sich mehr und mehr vom Schutz der wohlerworbenen Rechte aus den schon abgeschlossenen Verträgen[75]. Es war die Periode, in der die sozialpolitischen, besonders arbeitsrechtlichen Anstrengungen der Einzelstaaten und des Kongresses vor den Gerichten niedersanken wie anstürmende Schützen im Maschinengewehrfeuer, die Periode, in der der Lyoner Rechtslehrer Edouard Lambert das Buch mit dem polemischen Titel schrieb: „Le Gouvernement des Juges et la lutte contre la législation sociale aux Etats-Unis."[76] Noch 1936 wurde ein New Yorker Gesetz wegen Verletzung der Ver-

---

[73] EHMKE, S. 259.
[74] Chicago etc. Rr. v. McGuire 219 US 530, 536. ANTHIEAU, a. a. O., S. 123.
[75] EHMKE, S. 309.
[76] 1921.

tragsfreiheit durch den Supreme Court aufgehalten, das die Arbeitszeit in den Bäckereien auf 60 Wochenstunden begrenzen wollte[77]. Zwar hatte der berühmte Richter Oliver Wendell HOL-MES schon 1905 in einem gleichartigen Fall halbspöttisch bemerkt: „The Fourteenth Amendment does not enact the social statistics of Mr. Herbert Spencer"[78], allein er war in kleiner Minderheit geblieben.

Dennoch fällt nicht leicht, verfassungsrechtliche Geltung und Beschaffenheit der Vertragsfreiheit in diesem Abschnitt der amerikanischen Verfassungsgeschichte abzuschätzen. Erstens ergab sich doch auch in Amerika die Vertragsfreiheit nicht wenig vom Privatrecht, vom Common-Law her, wenn auch der Sachverhalt durch den politischen Widerhall der Verfassungsrechtsprechung gestört wurde. Namentlich die Verweisungen des Common-Law, nicht der Verfassung und der Amendments, auf das Sittengesetz (sowie in manchen Fällen das Erfordernis einer sogenannten Consideration) sind hier zu nennen. 1948 z. B. hatte der Oberste Gerichtshof einen Fall zu beurteilen, in dem ein Grundstückserwerb durch einen Schwarzen mit einer Dienstbarkeit zusammenstieß, die Nichtindogermanen auf einem bestimmten Gelände vom Erwerb von Grundstücken ausschloß. Der Gerichtshof entschied zugunsten des Schwarzen und gegen die dinglichberechtigten Nachbarn, aber nicht auf Grund der Verfassung, sondern der Privatrechtsgesetzgebung des District of Columbia[79].

An zweiter Stelle wird man festhalten, daß der verfassungsrechtliche Schutz einer fast unbeschränkten Vertragsfreiheit von der damals unwiderstehlichen politischen Strömung getragen war, die free competition, Wettbewerbsfreiheit, forderte und beinahe anbetete. Drittens fällt auf, daß die von einer ziemlich kompakten Mehrheit des Gerichtshofes geführte Rechtsprechung trotz allem einen punktuellen Charakter hatte. Von einer ruhi-

---

[77] PARKER, S. 74 ff.

[78] LOEWENSTEIN, S. 101 ff., Francis HELLER, S. 313, Bernard SCHWARTZ, American Constitutional Law 1955, S. 208 ff.

[79] Hurd v. Hodge, 1948, 334 US 24. ANTIEAU, S. 364, EHMKE, S. 649. Das neue Bürgerrechtsgesetz der Vereinigten Staaten enthält Diskriminierungsverbote zulasten der Farbigen für verschiedene Lebensbereiche und greift zu diesem Zweck in die Privatautonomie ein. Bernhard HAHNLOSER, Recht der Arbeit, 18. Jahrgang 1965, S. 172 ff.

gen Grundlinie, von einem so erhabenen Gedanken wie der
freien Entfaltung des Menschen zuerst in der geistigen und dann
auch in der wirtschaftlichen Sphäre, war im Grund wenig zu
spüren. Eher spielte eine doktrinäre, aufklärerische amerikanische Grundidee hinein: Die zwischenmenschlichen Beziehungen
müßten ausnahmslos auf freier und wechselseitiger Zustimmung
aufbauen, im Staat auf demokratischer, in der Wirtschaft auf
vertraglicher Zustimmung.

Nachdem ein erheblicher Teil des New Deal, der Krisengesetz-
gebung des Präsidenten Roosevelt, jener Rechtsprechung zum
Opfer gefallen und deswegen eine Staatskrise ausgebrochen war
(obschon sich der Hochwasserpegel der Rechtsprechung zur
Vertragsfreiheit bereits etwas gesenkt hatte) kam es 1937 und
anschließend zu einer Wendung. Dabei wirkte auch eine neue
Richtergeneration mit. Laissez-faire trat zugunsten des Wohl-
fahrts- und Leistungsstaates zurück. Namentlich wenn es um
die Tarifierung von Löhnen, um die Arbeitszeit und um andere
Arbeiterschutzpostulate geht, ist der Oberste Gerichtshof nicht
mehr geneigt, den gesetzgebenden Behörden der Staaten und der
Zentralgewalt in den Arm zu fallen und sich dabei auf eine schier
schrankenlose Vertragsfreiheit zu stützen. Aber auch bei der
Beurteilung der contract-clause, des Schutzes der wohlerworbenen Rechte, berufen sich die Gerichte nicht mehr in undifferen-
zierter Weise auf „Pacta sunt servanda". Nach 1937 war es
beinahe, als ob sich mit der hochgetriebenen Vertragsfreiheit ein
Orkan gelegt hätte.

Heute scheint man in Amerika langsam zu gewahren, daß die
umfassende Polizeigewalt besonders der Gliedstaaten, der 1937
der Weg freigegeben wurde, ein buntes Allerlei ist, das noch der
Präzision bedarf; sie ist auch nicht wie in Europa durch das
Kriterium der Abwehr polizeilicher Gefahren eingedämmt.

Auf dem verlassenen Schlachtfeld überspitzter verfassungs-
rechtlicher Vertragsfreiheit macht jedoch gegenwärtig auch die
Wissenschaft des Law of Contract bedeutsame Entdeckungen.
Sie schickt sich sogar an, die Ergebnisse in Deutschland und der
Schweiz zu übertreffen. Die Vertragsfreiheit ist nicht nur in der
Rechtsordnung an vielen Stellen beheimatet und setzt die Rechts-
ordnung voraus. Der Vertrag erfüllt auch sehr verschiedene
Funktionen in der Gesellschaft, z. B. als Mietvertrag, als Arbeits-

vertrag, als Vorzahlungsvertrag, als Gesellschaftsvertrag, und diese unterschiedlichen Funktionen führen unvermeidlich auch zu einer faltenreicheren Idee des Vertrages und der Vertragsfreiheit. KESSLER und SHARP schreiben: „A realistic understanding of the law of contracts can be achieved only through an awareness of the different functions fulfilled by the various kinds of contract in our society. The diversity of functions leads inevitably to a polytheism of ideals governing the law of contracts. A pluralistic approach may help to explain the many tensions and inconsistencies which become apparent upon a close study of the case-law."[80] Eine durch die Funktionen des Vertrages in der gegenwärtigen Gesellschaft bewirkte Mannigfaltigkeit sogar der Vertragsidee ist aber natürlich ziemlich entfernt von jener Auffassung in der Bundesrepublik, die die Vertragsfreiheit allgemein und fest in Selbstbestimmung und Entfaltungsfreiheit einordnen will.

Doch wo immer die Verfassungsrechtswissenschaft der schwer faßbaren Vertragsfreiheit auf den Fersen ist, droht sie ihr in der Dynamik der Gesellschaft doch wieder zu entwischen. Nur ihr großer Anteil an der Struktur der Rechtsordnung ist nun klar geworden. Ebenso ist offenkundig, daß geschichtliche Anschauung, Rechtserfahrung und Rechtstheorie zusammenwirken müssen, um neue Erkenntnisse zu erzeugen.

Verfassungsrecht und Verfassungspraxis empfangen neue Aufgaben. In Amerika wird die konturlose Polizeigewalt besser bestimmt werden müssen. In der Schweiz sollte der Rahmen erweitert, sollte dafür gesorgt werden, daß die Maßstäbe auch für den Bundesgesetzgeber gelten, die die Verfassungsrechtsprechung für das an sich zulässige Zurückdrängen des Anwendungsbereichs der Vertragsfreiheit des Bundeszivilrechts einführte. Und in der Bundesrepublik Deutschland? Hier wird man sich wohl der Feststellung fügen müssen, daß abgesehen von der Gesamtentscheidung des Grundgesetzes für eine Privatrechtsordnung die verfassungsrechtliche Garantie der Vertragsfreiheit keine konkreten Folgerungen für den Inhalt des Privatrechts, für jene erste Ausmessung der Vertragsfreiheit, gestattet[81]. Auf einer andern Stufe dagegen mögen die Forderungen des Sozialstaates (Kontrahie-

---

[80] KESSLER und SHARP, S. 1.
[81] FLUME, oben N. 56.

rungszwang für Zwecke der Daseinsvorsorge, Ablieferungs-
pflichten, Höchstpreisanordnungen, Genehmigungspflicht für be-
stimmte Vertragsarten usw.) der gerichtlichen Überprüfung
zugeführt werden.

1923 schrieb Martin Wolff, der Berliner Rechtslehrer, in
seinem Beitrag zur Festgabe für Wilhelm Kahl, einen andern
angesehenen Berliner Rechtslehrer, die Eigentumsgarantie als
Institutsgarantie habe den Sinn, daß an den Sachgütern ein sub-
jektives Privatrecht möglich bleiben solle, das den Namen Eigentum noch verdiene[82]. Man ist versucht, diesen Satz jetzt für die
Vertragsfreiheit zu übernehmen und zu sagen, Art. 2/1 des
Grundgesetzes verlange wenigstens, daß im Zivilrecht ein Min-
destmaß erhalten bleibe, das den Namen Vertragsfreiheit mit
Recht noch führe. Allein so sehr man auch diesen Wunsch hegen
mag, die Vertragsfreiheit läßt sich nicht als Institutsgarantie
aufziehen. Der Gedanke Martin Wolffs läßt sich nicht auf sie
übertragen. Das Eigentum ist eine Institution, die die Zuordnung
von Gütern verkörpert. Die Vertragsfreiheit ist weder Institut
noch Institution, sondern Abstraktionsbegriff, d. h. ein äußerst
allgemeiner Grundsatz. So muß die Verfassung für jene erste
Verteilung einfach Vertrauen in den Zivilrechtsgeber haben, daß
er an den Stellen seiner Verantwortung eine Regelung treffe, die
insgesamt, wenn man die Addition macht, den Namen Vertragsfreiheit noch verdient. Die Gefahr, daß sie ihn nicht mehr verdiene, ist auch nicht so groß und so aktuell wie beim Eigentum.

Es lag dem schweizerischen Referenten völlig fern, das Grundgesetz und seine Deutung durch Rechtsprechung und wissen-
schaftliche Lehre zu kritisch oder gar herablassend zu behandeln.
Kritische Einwände wurden nur da und dort durch das Thema
nahegelegt. Im Grunde wäre dem Verfasser ein Lobgesang auf
das Grundgesetz und auf die Rechtsprechung Bedürfnis gewesen.
In der Schweiz befanden sich viele verfassungsrechtliche Grund-
fragen in einem Zustand der Erstarrung oder Vernachlässigung.
Auch die Bedrohung durch Routine ist groß. Als das deutsche
Grundgesetz kam, bot es uns nicht nur Anregung und Belehrung,
sondern es wirkte vielfach wie ein Jungbrunnen, auflockernd,
erfrischend, anspornend, befreiend.

---

[82] Festgabe für Wilhelm Kahl 1923, S. 6.

Durch **Nachdruck** stehen wieder folgende Bände der
Veröffentlichungen der Vereinigung der deutschen Staatsrechtslehrer
zur Verfügung:

1. Der deutsche Föderalismus. Die Diktatur des Reichspräsidenten. Berichte
   von Gerhard Anschütz, Karl Bilfinger, Carl Schmitt und Erwin
   Jacobi. 146 Seiten. 1924.   DM 18,—

2. Der Schutz des öffentlichen Rechts. Die neueste Entwicklung des Ge-
   meindeverfassungsrechts. Referate von Walter Jellinek, Gerhard
   Lassar, Fritz Stier-Somlo, Ludwig von Köhler, Hans Helfritz. —
   265 Seiten. 1925.   DM 34,—

3. Die Gleichheit vor dem Gesetz im Sinne des Art. 109 der Reichsverfassung. Der Einfluß des Steuerrechts auf die Begriffsbildung des öffentlichen Rechts. Berichte von Erich Kaufmann, Hans Nawiasky, Albert
   Hensel und Ottmar Bühler. 140 Seiten. 1927.   DM 18,—

4. Das Recht der freien Meinungsäußerung. Der Begriff des Gesetzes in
   der Reichsverfassung. Berichte von Karl Rothenbücher, Rudolf
   Smend, Hermann Heller und Max Wenzel. 215 Seiten. 1928.
                                                                    DM 28,—

5. Wesen und Entwicklung der Staatsgerichtsbarkeit. Überprüfung von
   Verwaltungsakten durch die ordentlichen Gerichte. Berichte von Heinrich Triepel, Hans Kelsen, Max Layer und Ernst von Hippel.
   238 Seiten. 1929.   DM 30,—

6. Bundesstaatliche und gliedstaatliche Rechtsordnung. Verwaltungsrecht
   der öffentlichen Anstalt. Berichte von Fritz Fleiner, Josef Lukas, Lutz
   Richter und Arnold Köttgen. 166 Seiten. 1929.   DM 22,—

7. Entwicklung und Reform des Beamtenrechts. Die Reform des Wahl-
   rechts. Berichte von Hans Gerber, Adolf Merkl, Heinrich Pohl und
   Gerhard Leibholz. III, 212 Seiten. 1932.   DM 28,—

9. Die Grenzen der Verfassungsgerichtsbarkeit. Die Gestaltung des Poli-
   zei- und Ordnungsrechts in den einzelnen Besatzungszonen. Berichte
   von Erich Kaufmann, Martin Draht, Hans Julius Wolff, Otto
   Gönnenwein. IV, 224 Seiten. 1952.   DM 28,—

10. Ungeschriebenes Verfassungsrecht. Enteignung und Sozialisierung. Be-
    richte von Ernst Hippel, Alfred Voigt, Hans Peter Ipsen, Helmut
    K. J. Ridder. 185 Seiten. 1952.   DM 24,—

11. Die staatliche Intervention im Bereich der Wirtschaft. Rechtsformen
    und Rechtsschutz. Die Gegenwartslage des Staatskirchenrechts. Berichte
    von Ulrich Scheuner, Adolf Schüle, Werner Weber, Hans Peters.
    268 Seiten. 1954.   DM 34,—

16. Parlament und Regierung im modernen Staat. Die Organisationsgewalt.
    Berichte von Ernst Friesenhahn, Karl Josef Partsch, Arnold Kött-
    gen, Felix Ermacora. 283 Seiten. 1958.   DM 36,—

WALTER DE GRUYTER & CO. · BERLIN 30